創意小畫家系列

蠟筆

M. Àngels Comella 著

本局編輯部 譯

三民書局

國家圖書館出版品預行編目資料

小普羅藝術叢書. 創意小畫家系列
M. Àngels Comella 著；三民書局編輯部譯.
－－初版. －－臺北市：三民，民87
冊； 公分
ISBN 957-14-2871-X （一套；精裝）

1.美術－教學法 2.繪畫－西洋－技法

523.37   87005794

網際網路位址　　http://www.sanmin.com.tw

☑ 蠟　筆

著作人	M. Àngels Comella
譯　者	三民書局編輯部
發行人	劉振強
著作財產權人	三民書局股份有限公司 臺北市復興北路三八六號
發行所	三民書局股份有限公司 地址／臺北市復興北路三八六號 電話／二五〇〇六六〇〇 郵撥／〇〇〇九九九八——五號
印刷所	三民書局股份有限公司
門市部	復北店／臺北市復興北路三八六號 重南店／臺北市重慶南路一段六十一號

初版二刷　中華民國九十年二月

編　號　S94067

定　價　新臺幣貳佰捌拾元整

行政院新聞局登記證局版臺業字第〇二〇〇號

有著作權　不准侵害

ISBN　957-14-2872-8 （精裝）

既富有感情又生動活潑的色彩

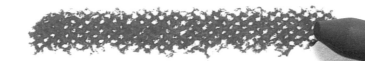

蠟筆，是一種把色料和蠟結合起來製成的顏料。蠟筆的色彩充滿了豐富的生命力，它能夠厚實地覆蓋在許多不同畫材的表面上：從一般最普通的紙，到表面粗糙的砂紙；甚至是衣服或是軟木墊等等。由這許多無數的實際應用當中，我們可以獲得各種令人驚奇的效果喔！

我們如果把蠟筆的色彩互相混合，結果會出現其它更多采多姿的顏色喲！蠟筆的使用非常方便，由於蠟是它的基本成分，畫出來的效果自然呈現出富麗的美感；也因為這項特點，使得蠟筆可以輕易地用手指頭暈開來，創造出另外一種畫畫的技巧。

用蠟筆來畫畫既輕鬆又簡單，我們可以把蠟筆和各式各樣的材料結合起來，化為我們創作的素材喲！

讓我們一起
用蠟筆來創作吧！
你會愛上它的喔！

蠟筆可以創造出各式各樣的效果喔！••••••••••••••••••••••

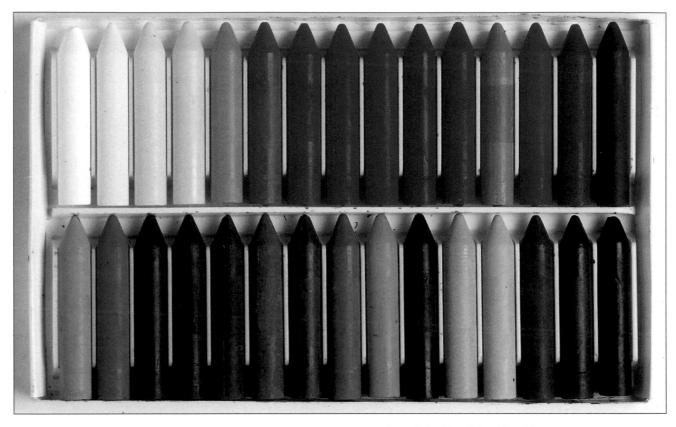

如何使用蠟筆呢？

● 我們可以用
蠟筆的筆尖
畫一條線。

● 用力壓。

● 或是
輕輕地壓。

● 我們也可
以用蠟筆的
側邊來畫。

我們也可以：

● 一起使用
兩種不同的顏色。

試試看在砂紙
上使用蠟筆。

● 或是輕輕地塗。
這樣子下面的顏
色便可以看得到。

● 也可以把蠟筆塗在色紙上。

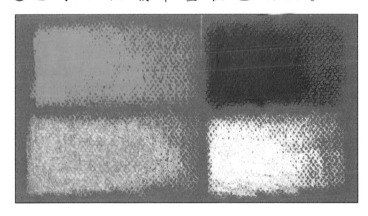

● 用手指頭同時
塗抹幾個顏色。

● 或是用另外一個
顏色來覆蓋先前
的顏色。

創造不同的紋路*

用蠟筆塗過不同的表面，便會產生不同的紋路喲！

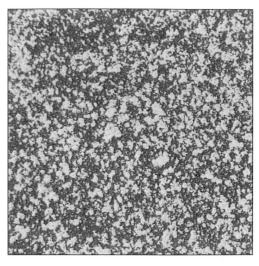

試試看在砂紙上使用蠟筆。

當我們擦印*葉子的時候，把一張薄紙放在葉子上面，然後用蠟筆輕輕地塗過。

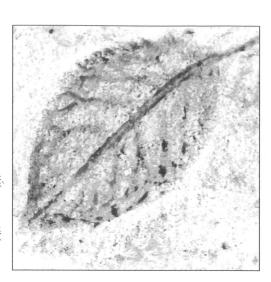

我們可以用蠟筆塗在凹凸不平的厚紙上。

或是布料上。

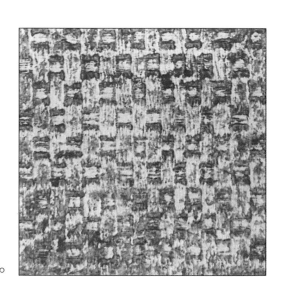

用蠟筆塗過軟木墊，會產生很有趣的紋路喔！

或者我們可以在鋁箔紙上放一張薄紙試試看。

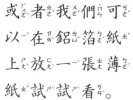

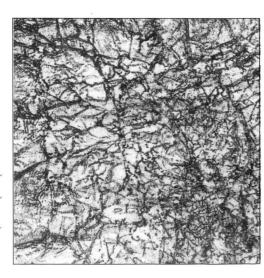

6

我們可以用刮去一層蠟筆的方法，做出各種不同的圖案。先在紙上塗上厚厚的一層蠟筆，然後用牙籤、鋼筆的筆蓋或是畫筆木頭的一端來刮出圖形。

刮出一些線條。

塗兩層
不同顏色
的蠟筆，
然後刮掉上
層的蠟筆，讓下層
蠟筆的顏色露出來。

我們可以用廣告顏料來覆蓋蠟筆。● ● ● ● ● ● ● ● ● ● ● ● ● ● ●

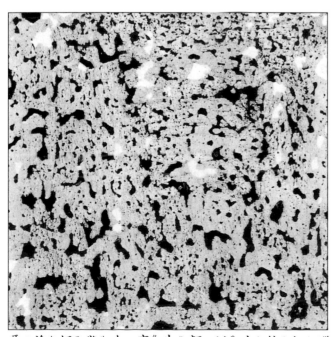

要塗好幾次廣告顏料才能把蠟筆覆蓋住。記得等前一次的顏料乾了，才再塗上一層新的。

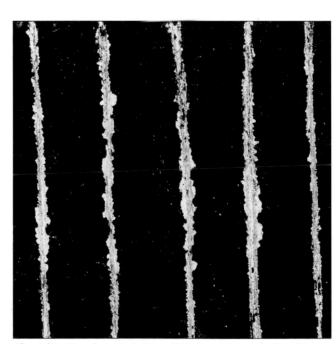

等蠟筆完全被廣告顏料覆蓋住以後，我們便可以刮去一些顏料了。

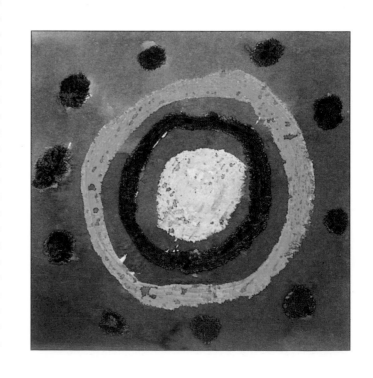
在蠟筆上著色

蠟筆並不吸收顏料，所以顏料很難覆蓋住蠟筆；可是也因為這樣，我們可以創造出一些有趣的效果喔！現在，就讓我們一起來試試看吧！在四張不同的紙上用蠟筆畫出一樣的圖案。

第一個圖案，我們用浮水染料塗過。

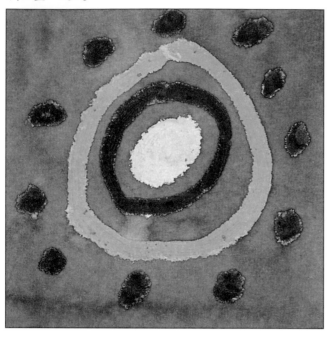

第二個圖案用廣告顏料。

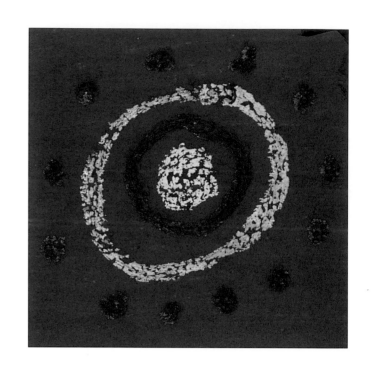

請大人用布料的染料來幫你塗這第三個圖案。

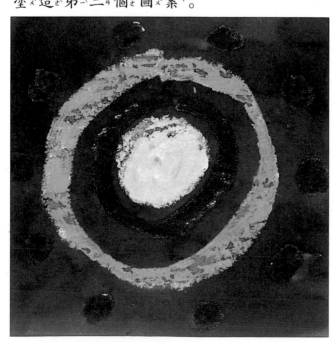

第四個圖案用水彩來塗。

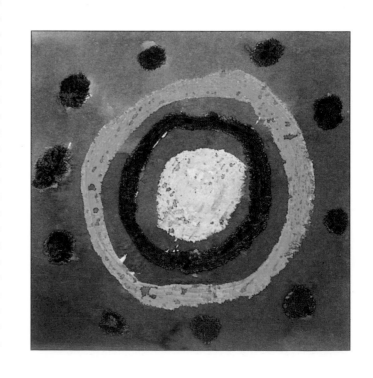

想發明新的技巧嗎？那麼就用蠟筆畫出你自己的想法來。
在這裡有一些提示，或許可以幫助你開始喔！

幾滴用蠟燭融化*的蠟筆
也可以做出一幅圖畫喔！

在塗好的一層蠟上刮
出圖案以後，塗上顏
料再刮一次。

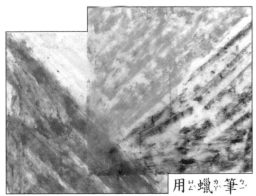

在透明的壓克力板上畫畫。

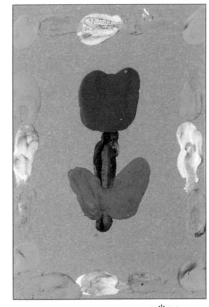

把蠟筆塗在粗糙的*紙
上，然後再用水彩塗過。

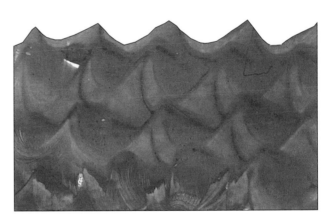

我們也可以把蠟筆畫放在
陽光底下或是發熱東西的
上面，來加熱。

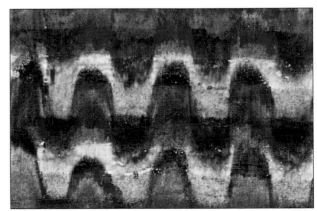

用手指頭來擦蠟筆畫出的圖形。

試試看這十種不同的技巧吧！

從第12頁到第31頁，我們會一步步地來解說這些技巧。

朦朧的……
蠟筆和酒精

多采多姿的……
色紙上的蠟筆

凹凸不平的……
粗紙上的蠟筆畫

畫出輪廓的……
面紙上的蠟筆畫

長圓形的……
亮光紙上的蠟筆畫

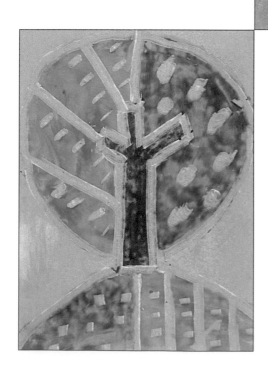

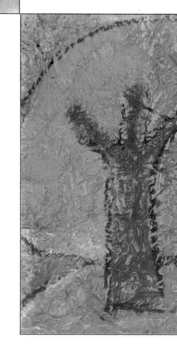

細ㄒㄧ部ㄅㄨ清ㄑㄧㄥ楚ㄔㄨ的ㄉㄜ……
被ㄅㄟ刮ㄍㄨㄚ掉ㄉㄧㄠ的ㄉㄜ蠟ㄌㄚ筆ㄅㄧ

完ㄨㄢ整ㄓㄥ的ㄉㄜ……
蠟ㄌㄚ筆ㄅㄧ和ㄏㄜ水ㄕㄨㄟ彩ㄘㄞ

厚ㄏㄡ重ㄓㄨㄥ的ㄉㄜ……
蠟ㄌㄚ筆ㄅㄧ和ㄏㄜ水ㄕㄨㄟ性ㄒㄧㄥ染ㄖㄢ料ㄌㄧㄠ

有ㄧㄡ點ㄉㄧㄢ兒ㄦ孤ㄍㄨ單ㄉㄢ的ㄉㄜ……
布ㄅㄨ料ㄌㄧㄠ上ㄕㄤ的ㄉㄜ蠟ㄌㄚ筆ㄅㄧ畫ㄏㄨㄚ

生ㄕㄥ動ㄉㄨㄥ有ㄧㄡ力ㄌㄧ的ㄉㄜ……
刮ㄍㄨㄚ去ㄑㄩ蠟ㄌㄚ筆ㄅㄧ上ㄕㄤ的ㄉㄜ
廣ㄍㄨㄤ告ㄍㄠ顏ㄧㄢ料ㄌㄧㄠ

當ㄉㄤ然ㄖㄢ囉ㄌㄡ！
還ㄏㄞ有ㄧㄡ許ㄒㄩ多ㄉㄨㄛ種ㄓㄨㄥ
不ㄅㄨ一ㄧ樣ㄧㄤ的ㄉㄜ方ㄈㄤ法ㄈㄚ喔ㄛ！

現ㄒㄧㄢ在ㄗㄞ，就ㄐㄧㄡ讓ㄖㄤ我ㄨㄛ們ㄇㄣ一ㄧ
起ㄑㄧ來ㄌㄞ利ㄌㄧ用ㄩㄥ這ㄓㄜ裡ㄌㄧ的ㄉㄜ範ㄈㄢ
例ㄌㄧ，把ㄅㄚ這ㄓㄜ些ㄒㄧㄝ樹ㄕㄨ木ㄇㄨ一ㄧ
棵ㄎㄜ棵ㄎㄜ地ㄉㄧ畫ㄏㄨㄚ出ㄔㄨ來ㄌㄞ吧ㄅㄚ！

色紙上的蠟筆

在色紙上混合不同顏色的蠟筆，會產生非常特別的效果喔！
試試看哪些顏色看起來比較明顯？哪些顏色會有些透明呢？

1 在橘色的紙上，房子的黃色幾乎看不到，可是藍色卻非常明顯喲！

2 在綠色的紙上，房子的黃色看起來也是綠色的。

3 房子的黃色在藍色的紙上看起來比較明顯。

4 在暗色上塗白色蠟筆，會使暗色看起來淺一些喔！

5

試試看在黑色的紙上，塗上你自己喜歡的各種顏色吧！

蠟筆可以用酒精來融化。在這裡,你一定要請大人幫忙你,因為酒精可是有毒的喲!

1

這裡有又一個已經用綠色和黃色蠟筆塗好的背景。

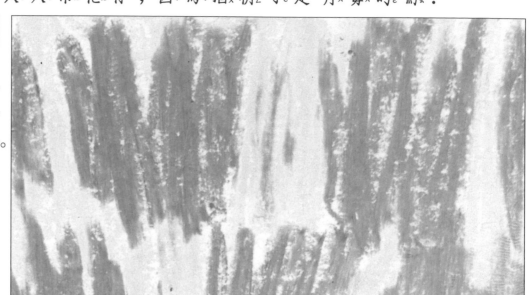

2

用蘸了酒精的畫筆,從上到下一筆一筆地塗過畫紙。再從另外一個方向,比如從左到右塗一次,便會產生不同的效果喲!

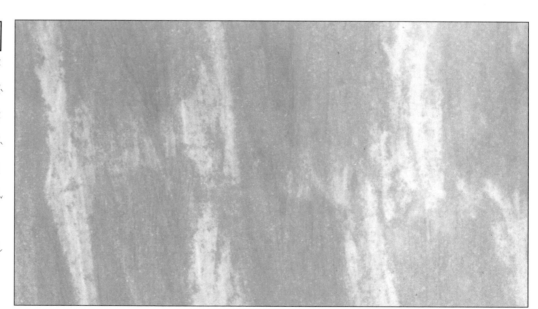

3

這裡,我們在圖上加上幾朵紅色的小花。

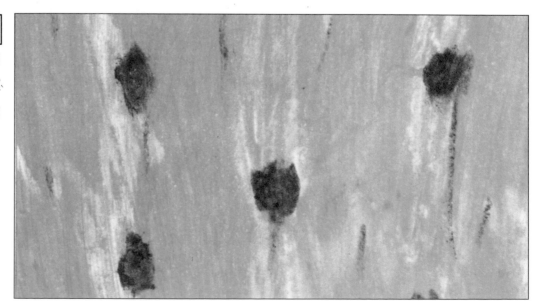

4

等圖乾了以後，我們可以加上更多的東西，然後
再用酒精塗過。我們可以一直重覆這樣的步驟，
直到完成整幅畫。

如果我們用蠟筆在粗紙上畫畫，紙的紋路會透過蠟筆顯露出來喔！

1 試試看用蠟筆在砂紙上畫幾個圈圈。

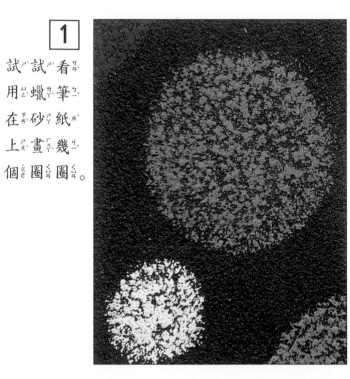

2 我們用畫色的蠟筆在暗色的背景上，把著圈圈色。

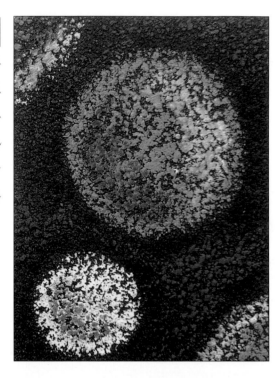

3 在這張放大圖裡，砂紙紋路以很清楚呢！的可得看呢！

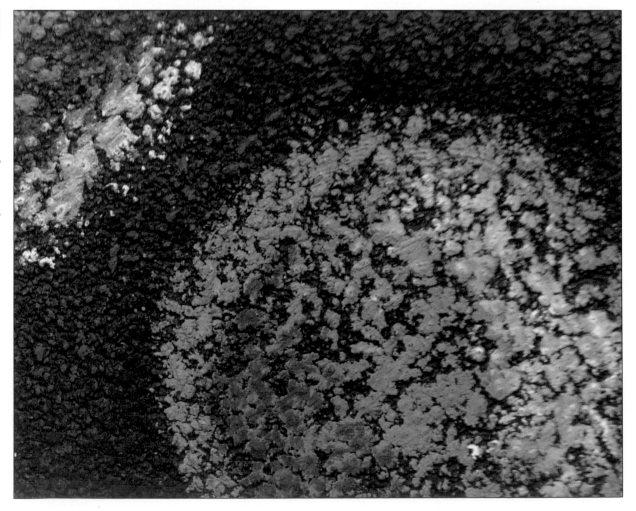

4

如果我們再用蠟筆畫一些不同顏色、大小的圈圈，那麼外太空畫成圖圈，一幅的圖成了便完那！

如果我們把水彩塗在一個用蠟筆畫的圖形上，顏料只會附著在紙上沒有蠟筆的地方。

1

我們先用蠟筆畫出一些樹葉。

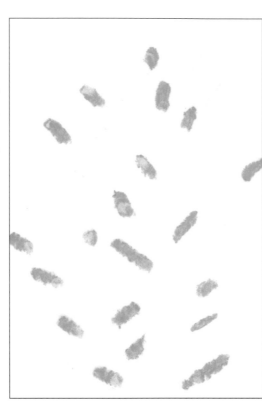

2

再用綠色的水彩沿著葉子，把樹木的形狀畫出來。注意喲！葉子不要被顏料遮蓋住了。

3

在我們用水彩著色以前，先用白色的蠟筆塗過。

4

我ㄨㄛ們ㄇㄣ可ㄎㄜ以ㄧ用ㄩㄥ許ㄒㄩ許ㄒㄩ多ㄉㄨㄛ多ㄉㄨㄛ不ㄅㄨ同ㄊㄨㄥ顏ㄧㄢ色ㄙㄜ的ㄉㄜ蠟ㄌㄚ筆ㄅㄧ和ㄏㄜ水ㄕㄨㄟ彩ㄘㄞ創ㄔㄨㄤ造ㄗㄠ出ㄔㄨ一ㄧ幅ㄈㄨ畫ㄏㄨㄚ來ㄌㄞ喲ㄧㄛ！如ㄖㄨ果ㄍㄨㄛ我ㄨㄛ們ㄇㄣ不ㄅㄨ希ㄒㄧ望ㄨㄤ水ㄕㄨㄟ彩ㄘㄞ的ㄉㄜ顏ㄧㄢ色ㄙㄜ混ㄏㄨㄣ在ㄗㄞ一ㄧ起ㄑㄧ，那ㄋㄚ就ㄐㄧㄡ要ㄧㄠ等ㄉㄥ前ㄑㄧㄢ一ㄧ個ㄍㄜ顏ㄧㄢ色ㄙㄜ乾ㄍㄢ了ㄌㄜ以ㄧ後ㄏㄡ，再ㄗㄞ開ㄎㄞ始ㄕ用ㄩㄥ下ㄒㄧㄚ一ㄧ個ㄍㄜ顏ㄧㄢ色ㄙㄜ來ㄌㄞ畫ㄏㄨㄚ。

如果我們在紙上厚厚地塗出兩層不同顏色的蠟筆，便可以刮去上層的蠟筆，讓下面的顏色露出來。

1

使用幾個明亮的顏色來做底層。

2

用黑色的蠟筆把底層蠟筆的顏色完全覆蓋起來。我們可能需要塗上兩、三層喔！

3

然後用牙籤、鋼筆的筆蓋或畫筆木頭的一端來刮出圖案。當一刮過去的時候，底層蠟筆的顏色便露了出來，一些我們意想不到的顏色也就出現了。

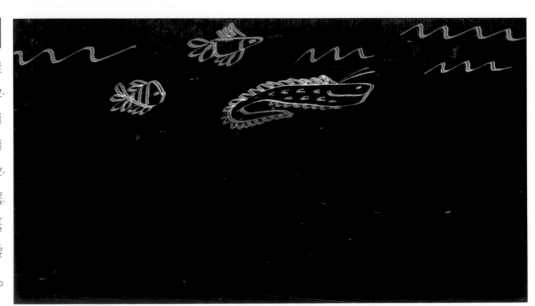

4

如果我們不小心畫錯了，沒關係，
用黑色的蠟筆塗在畫錯的地方，然後再來一次。

我們在這裡畫了一個海洋，裡頭有各種色彩的魚兒喲！

布可以是一個特別的畫畫表面喲！

1

我們在一塊綠色的布上畫紫色的方形。

2

然後，加上不同顏色的方形和三角形，來構成這幅畫。

3

為了要使這些形狀有清楚的輪廓，我們用小號的畫筆蘸上酒精，沿著這些方形和三角形的邊緣描過。

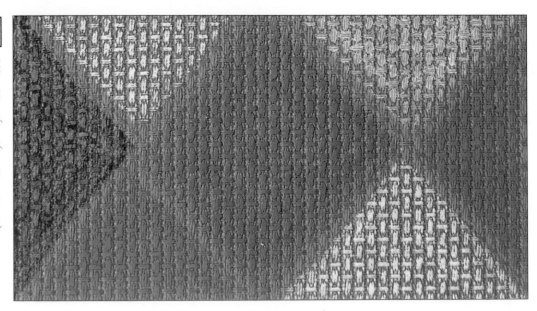

４ 看看同樣的上它形
試試不類料其圖形
試在種布畫的吧！

塗上了一層蠟的亮光紙，是用來刮出不同圖案最棒的表面喔！

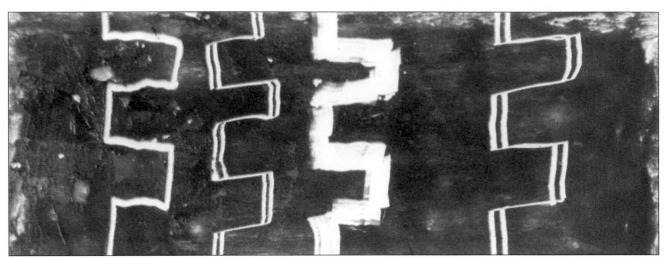

1 在亮光紙上塗一層蠟筆，然後試試看用不同的東西，比如牙籤和刮刀，刮出粗粗細細的線條。

2 用蠟筆畫一個黃色的方塊，在它的旁邊再畫一個藍色的方塊，然後在上面刮出一些小圓點和線條。

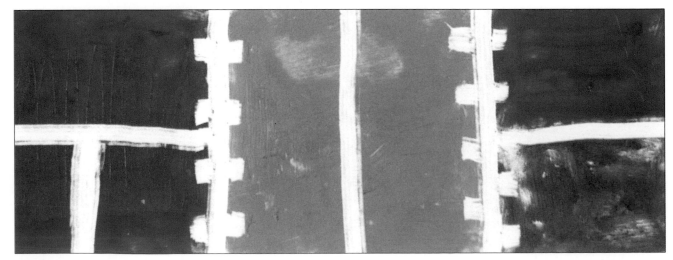

3 我們可以在圖裡加上更多的彩色方塊，並且畫上線條，把不同的彩色方塊區分開來。

4

我們用這個技巧來創造一個小鎮。
你也可以用自己的點子來試試看喲！

如果畫的輪廓被弄髒了，用一塊棉布蘸點酒精便可以擦乾淨。

如果我們用蠟筆輕輕地塗過縐縐的面紙，便可以創造出很特別的紋路喔！

1 我們需要一張紙板來做襯底和幾張不同顏色的面紙。

2 我們把面紙弄縐了再攤平。把弄縐的面紙黏到紙板上。

3 等紙乾了，用不同顏色的蠟筆塗過面紙表面，面紙縐縐的紋路便顯露出來了。

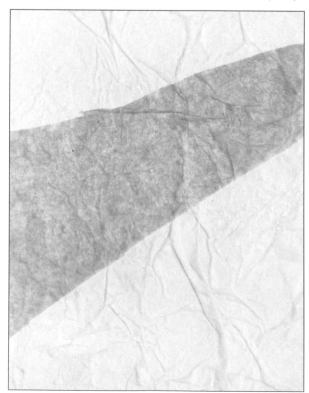

4 從其它的面紙上剪下不同的形狀，然後黏到紙板上來構成這幅圖。

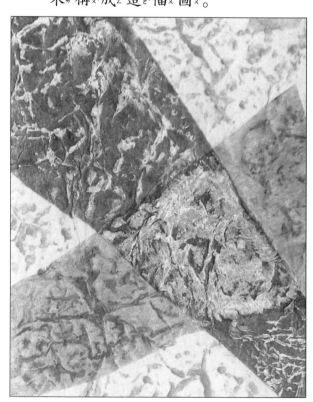

我們用這個技巧，創造了一幅有紋路的風景畫耶！

當蠟筆和水性染料一起使用的時候，一些令人驚奇的效果和顏色便出現了。

1 先用蠟筆塗在紙上做背景，但是不要塗得太密喲！

2 然後用水性染料塗過畫紙。

我們可以剪出一個：

3 我們可以重覆1和2的步驟，來做出更多的色塊。然後把這些色塊剪成不同的形狀。

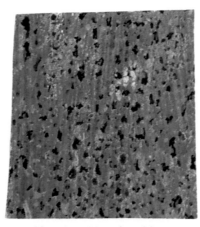

綠色的森林

藍色的天空

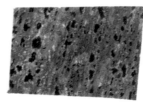

圓圈可以當作月亮

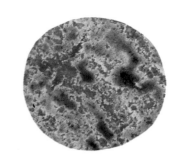

或是行星

或是三角形的火焰

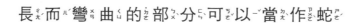

長而彎曲的部分可以當作蛇

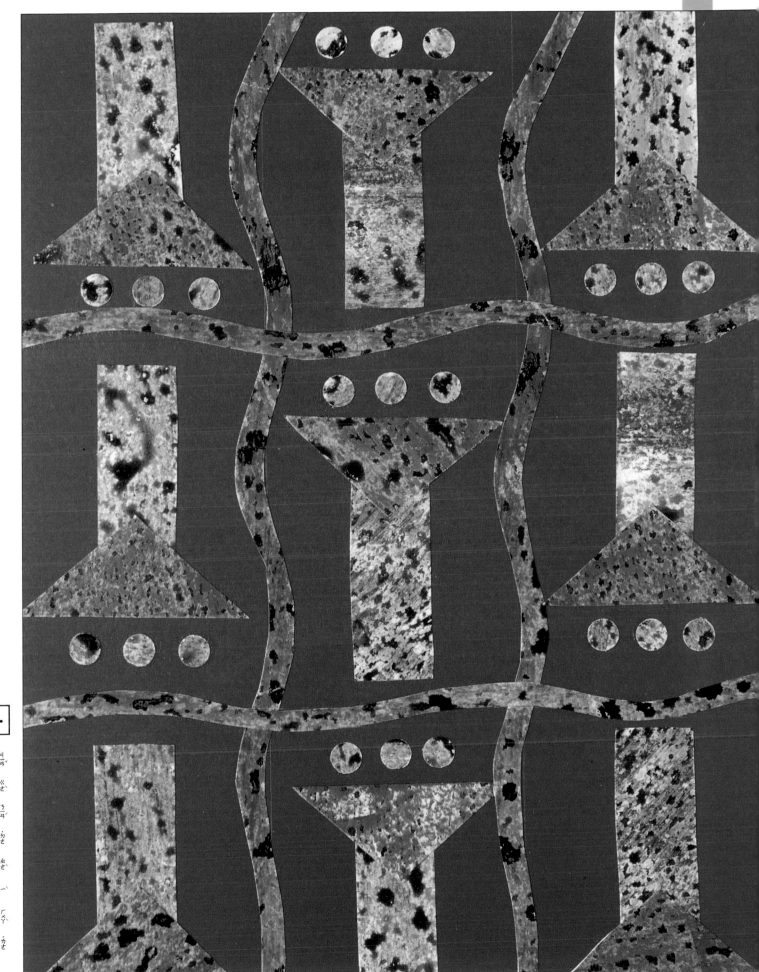

4

我們把剪
下來的各
種的形種黏
在紅色的
紙上，這
樣子，一
幅拼貼畫
就完成了
喲！

我們可以用廣告顏料來覆蓋蠟筆，然後再刮出我們設計的圖形。

1 我們把背景塗上綠色和藍色的蠟筆。

2 然後用濃濃的黑色廣告顏料來覆蓋背景。

3 最後刮去顏料，只留下蝴蝶的輪廓。

4 為了使蝴蝶更明顯，我們在蝴蝶的身體塗上白色的廣告顏料。

5

完成以後看起來會有舊舊的的畫，感覺喔！
成的畫起來看舊老些感覺

詞彙說明

紋路：一種物體表面看起來或摸起來的感覺，可以是有縐紋的、平滑的、或粗糙的等等。

擦印：在某種東西的表面上塗擦一些圖案。

技巧：製作一種東西的方法。

融化：使溶解成為液體的狀態。

粗糙的：表面有縐紋，凹凸不平的。

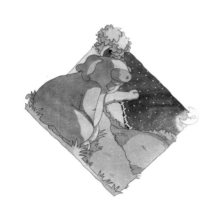

英漢對照系列

看故事學英文

農場裡的小故事

Moira Butterfield 著

Rachael O'Neill 圖

本局編輯部 編譯

插圖精美，精心編譯

在這個農場裡，住著怕黑的羊咩咩、不肯睡覺的豬小弟、亂搗蛋的斑斑貓和愛咯咯叫的小母雞，農場主人真是煩惱啊！他到底要怎麼解決這些寶貝蛋的問題呢？

別害怕！羊咩咩！

羊咩咩最討厭夜晚了，
到處黑漆漆的，
還有很多恐怖的黑影子，
而且其中一個黑影子老是跟在他後面……
羊咩咩怎樣才能不再害怕黑影子呢？

快快睡！豬小弟！

上床時間到了，
豬小弟還不肯睡，
他只想到處玩耍，
可是大家都不理他，
他只好自己玩……

別貪心！斑斑貓！

斑斑貓最壞了，
搶走了小狗狗的玩具球，
扯掉豬小弟的蝴蝶結，
還吃光了農夫的便當……
她會受到什麼樣的教訓呢？

別吵了！小母雞！

小母雞最愛咯咯叫，
吵得大家受不了，
誰可以想個好法子，
讓她不再吵鬧？